Terry Hill Pickett

A gift from in-laws
Birthday 1965

D1114890

RAINER MARIA RILKE

Der ausgewählten Gedichte
anderer Teil

IM INSEL-VERLAG

STARKER Stern, der nicht den Beistand braucht,
den die Nacht den andern mag gewähren,
die erst dunkeln muß, daß sie sich klären.
Stern, der schon vollendet, untertaucht,

wenn Gestirne ihren Gang beginnen
durch die langsam aufgetane Nacht.
Großer Stern der Liebespriesterinnen,
der, von eigenem Gefühl entfacht,

bis zuletzt verklärt und nie verkohlend,
niedersinkt, wohin die Sonne sank:
tausendfachen Aufgang überholend
mit dem reinen Untergang.

SANKT CHRISTOFFERUS

Die große Kraft will für den Größten sein.
Nun hoffte er, ihm endlich hier zu dienen
an dieses Flusses Furt; er kam von zwein
berühmten Herren, die ihm klein erschienen,
und ließ sich dringend mit dem dritten ein:

den er nicht kannte; den er durch Gebet
und Fastenzeiten nicht auf sich genommen,
doch der im Ruf steht, jedem nachzukommen
der alles läßt und für ihn geht.

So trat er täglich durch den vollen Fluß –
Ahnherr der Brücken, welche steinern schreiten, –
und war erfahren auf den beiden Seiten
und fühlte jeden, der hinüber muß.

Und ruhte nachts in dem geringen Haus,
gefaßt zu handeln, jeder Stimme inne,
und atmete die Mühe mächtig aus,
genießend das Geräumige seiner Sinne.

Dann rief es einmal, dünn und hoch: ein Kind.
Er hob sich groß, daß er es überführe;
doch wissend, wie die Kinder ängstlich sind,
trat er ganz eingeschränkt aus seiner Türe
und bückte sich –: und draußen war Nachtwind.

Er murmelte: Was sollte auch ein Kind..?
nahm sich zurück mit einem großen Schritte
und lag in Frieden und entschlief geschwind.
Aber da war es wieder, voller Bitte.
Er spähte wieder –: draußen war Nachtwind.

Da ist doch keiner, oder bin ich blind?
warf er sich vor und ging noch einmal schlafen,
bis ihn dieselben Laute zwingend lind
noch einmal im verdeckten Innern trafen:
Er kam gewaltig:
                    draußen war ein Kind.

DIE LIEBENDE

Das ist mein Fenster. Eben
bin ich so sanft erwacht.
Ich dachte, ich würde schweben.
Bis wohin reicht mein Leben,
und wo beginnt die Nacht?

Ich könnte meinen, alles
wäre noch Ich ringsum;
durchsichtig wie eines Kristalles
Tiefe, verdunkelt, stumm.

Ich könnte auch noch die Sterne
fassen in mir; so groß
scheint mir mein Herz; so gerne
ließ es ihn wieder los,

den ich vielleicht zu lieben,
vielleicht zu halten begann.
Fremd wie nie beschrieben
sieht mich mein Schicksal an.

Was bin ich unter diese
Unendlichkeit gelegt,
duftend wie eine Wiese,
hin und her bewegt,

rufend zugleich und bange,
daß einer den Ruf vernimmt,
und zum Untergange
in einem andern bestimmt.

DER SCHAUENDE

Ich sehe den Bäumen die Stürme an,
die aus laugewordenen Tagen
an meine ängstlichen Fenster schlagen,
und höre die Fernen Dinge sagen,
die ich nicht ohne Freund ertragen,
nicht ohne Schwester lieben kann.

Da geht der Sturm, ein Umgestalter,
geht durch den Wald und durch die Zeit,
und alles ist wie ohne Alter:
die Landschaft, wie ein Vers im Psalter,
ist Ernst und Wucht und Ewigkeit.

Wie ist das klein, womit wir ringen,
was mit uns ringt, wie ist das groß;
ließen wir, ähnlicher den Dingen,
uns *so* vom großen Sturm bezwingen, –
wir würden weit und namenlos.

Was wir besiegen, ist das Kleine,
und der Erfolg selbst macht uns klein.
Das Ewige und Ungemeine
will nicht von uns gebogen sein.
Das ist der Engel, der den Ringern
des Alten Testaments erschien:
wenn seiner Widersacher Sehnen
im Kampfe sich metallen dehnen,
fühlt er sie unter seinen Fingern
wie Saiten tiefer Melodien.

Wen dieser Engel überwand,
welcher so oft auf Kampf verzichtet,
der geht gerecht und aufgerichtet
und groß aus jener harten Hand,
die sich, wie formend, an ihn schmiegte.
Die Siege laden ihn nicht ein.
Sein Wachstum ist: Der Tiefbesiegte
von immer Größerem zu sein.

DIE ROSENSCHALE

ZORNIGE sahst du flackern, sahst zwei Knaben
zu einem Etwas sich zusammenballen,
das Haß war und sich auf der Erde wälzte
wie ein von Bienen überfallnes Tier;
Schauspieler, aufgetürmte Übertreiber,
rasende Pferde, die zusammenbrachen
den Blick wegwerfend, bläkend das Gebiß
als schälte sich der Schädel aus dem Maule.

Nun aber weißt du, wie sich das vergißt:
denn vor dir steht die volle Rosenschale,
die unvergeßlich ist und angefüllt
mit jenem Äußersten von Sein und Neigen,
Hinhalten, Niemals-Gebenkönnen, Dastehn,
das unser sein mag: Äußerstes auch uns.

Lautloses Leben, Aufgehn ohne Ende,
Raum-brauchen, ohne Raum von jenem Raum
zu nehmen, den die Dinge rings verringern,
fast nicht Umrissen-sein wie Ausgespartes
und lauter Inneres, viel seltsam Zartes
und Sich-bescheinendes – bis an den Rand:
ist irgend etwas uns bekannt wie dies?

Und dann wie dies: daß ein Gefühl entsteht,
weil Blütenblätter Blütenblätter rühren?
Und dies: daß eins sich aufschlägt wie ein Lid,
und drunter liegen lauter Augenlider,

geschlossene, als ob sie, zehnfach schlafend,
zu dämpfen hätten eines Innern Sehkraft.
Und dies vor allem: daß durch diese Blätter
das Licht hindurch muß. Aus den tausend Himmeln
filtern sie langsam jenen Tropfen Dunkel,
in dessen Feuerschein das wirre Bündel
der Staubgefäße sich erregt und aufbäumt.

Und die Bewegung in den Rosen, sieh:
Gebärden von so kleinem Ausschlagwinkel,
daß sie unsichtbar blieben, liefen ihre
Strahlen nicht auseinander in das Weltall.

Sieh jene weiße, die sich selig aufschlug
und dasteht in den großen offnen Blättern
wie eine Venus aufrecht in der Muschel;
und die errötende, die wie verwirrt
nach einer kühlen sich hinüberwendet,
und wie die kühle fühllos sich zurückzieht,
und wie die kalte steht, in sich gehüllt,
unter den offenen, die alles abtun.
Und *was* sie abtun, wie das leicht und schwer,
wie es ein Mantel, eine Last, ein Flügel
und eine Maske sein kann, je nach dem,
und *wie* sie's abtun: wie vor dem Geliebten.

Was können sie nicht sein: war jene gelbe,
die hohl und offen daliegt, nicht die Schale
von einer Frucht, darin dasselbe Gelb,
gesammelter, orangeröter, Saft war?

Und wars für diese schon zu viel, das Aufgehn,
weil an der Luft ihr namenloses Rosa
den bittern Nachgeschmack des Lila annahm?
Und die batistene, ist sie kein Kleid,
in dem noch zart und atemwarm das Hemd steckt,
mit dem zugleich es abgeworfen wurde
im Morgenschatten an dem alten Waldbad?
Und diese hier, opalnes Porzellan,
zerbrechlich, eine flache Chinatasse
und angefüllt mit kleinen hellen Faltern, –
und jene da, die nichts enthält als sich.

Und sind nicht alle so, nur sich enthaltend,
wenn Sich-enthalten heißt: die Welt da draußen
und Wind und Regen und Geduld des Frühlings
und Schuld und Unruh und vermummtes Schicksal
und Dunkelheit der abendlichen Erde
bis auf der Wolken Wandel, Flucht und Anflug,
bis auf den vagen Einfluß ferner Sterne
in eine Hand voll Innres zu verwandeln.

Nun liegt es sorglos in den offnen Rosen.

DIE INSEL DER SIRENEN

Wenn er denen, die ihm gastlich waren,
spät, nach ihrem Tage noch, da sie
fragten nach den Fahrten und Gefahren,
still berichtete: er wußte nie,

wie sie schrecken und mit welchem jähen
Wort sie wenden, daß sie so wie er
in dem blau gestillten Inselmeer
die Vergoldung jener Inseln sähen,

deren Anblick macht, daß die Gefahr
umschlägt; denn nun ist sie nicht im Tosen
und im Wüten, wo sie immer war.
Lautlos kommt sie über die Matrosen,

welche wissen, daß es dort auf jenen
goldnen Inseln manchmal singt –,
und sich blindlings in die Ruder lehnen,
wie umringt

von der Stille, die die ganze Weite
in sich hat und an die Ohren weht,
so als wäre ihre andre Seite
der Gesang, dem keiner widersteht.

KRETISCHE ARTEMIS

WIND der Vorgebirge: war nicht ihre
Stirne wie ein lichter Gegenstand?
Glatter Gegenwind der leichten Tiere,
formtest du sie: ihr Gewand

bildend an die unbewußten Brüste
wie ein wechselvolles Vorgefühl?
Während sie, als ob sie alles wüßte,
auf das Fernste zu, geschürzt und kühl,

stürmte mit den Nymphen und den Hunden,
ihren Bogen probend, eingebunden
in den harten hohen Gurt;

manchmal nur aus fremden Siedelungen
angerufen und erzürnt bezwungen
von dem Schreien um Geburt.

DA plötzlich war der Bote unter ihnen,
hineingeworfen in das Überkochen
des Hochzeitsmahles wie ein neuer Zusatz.
Sie fühlten nicht, die Trinkenden, des Gottes
heimlichen Eintritt, welcher seine Gottheit
so an sich hielt wie einen nassen Mantel
und ihrer einer schien, der oder jener,
wie er so durchging. Aber plötzlich sah
mitten im Sprechen einer von den Gästen
den jungen Hausherrn oben an dem Tische
wie in die Höh gerissen, nicht mehr liegend
und überall und mit dem ganzen Wesen
ein Fremdes spiegelnd, das ihn furchtbar ansprach.
Und gleich darauf, als klärte sich die Mischung,
war Stille; nur mit einem Satz am Boden
von trübem Lärm und einem Niederschlag
fallenden Lallens, schon verdorben riechend
nach dumpfem umgestandenen Gelächter.
Und da erkannten sie den schlanken Gott,
und wie er dastand, innerlich voll Sendung
und unerbittlich, – wußten sie es beinah.
Und doch, als es gesagt war, war es mehr
als alles Wissen, gar nicht zu begreifen.
Admet muß sterben. Wann? In dieser Stunde.

Der aber brach die Schale seines Schreckens
in Stücken ab und streckte seine Hände

heraus aus ihr, um mit dem Gott zu handeln.
Um Jahre, um ein einzig Jahr noch Jugend,
um Monate, um Wochen, um paar Tage,
ach, Tage nicht, um Nächte, nur um Eine,
um Eine Nacht, um diese nur: um die.
Der Gott verneinte, und da schrie er auf
und schrie's hinaus und hielt es nicht und schrie
wie seine Mutter aufschrie beim Gebären.

Und die trat zu ihm, eine alte Frau,
und auch der Vater kam, der alte Vater,
und beide standen, alt, veraltet, ratlos,
beim Schreienden, der plötzlich, wie noch nie
so nah, sie ansah, abbrach, schluckte, sagte:
Vater,
liegt dir denn viel daran an diesem Rest,
an diesem Satz, der dich beim Schlingen hindert?
Geh, gieß ihn weg. Und du, du alte Frau,
Matrone,
was tust du denn noch hier: du hast geboren.
Und beide hielt er sie wie Opfertiere
in Einem Griff. Auf einmal ließ er los
und stieß die Alten fort, voll Einfall, strahlend
und atemholend, rufend: Kreon, Kreon!
Und nichts als das; und nichts als diesen Namen.
Aber in seinem Antlitz stand das Andere,
das er nicht sagte, namenlos erwartend,
wie ers dem jungen Freunde, dem Geliebten,
erglühend hinhielt übern wirren Tisch.

Die Alten (stand da), siehst du, sind kein Loskauf,
sie sind verbraucht und schlecht und beinah wertlos,
du aber, du, in deiner ganzen Schönheit –

Da aber sah er seinen Freund nicht mehr.
Er blieb zurück, und das, was kam, war *sie*,
ein wenig kleiner fast als er sie kannte
und leicht und traurig in dem bleichen Brautkleid.
Die andern alle sind nur ihre Gasse,
durch die sie kommt und kommt –: (gleich wird sie da sein
in seinen Armen, die sich schmerzhaft auftun).
Doch wie er wartet, spricht sie; nicht zu ihm.
Sie spricht zum Gotte, und der Gott vernimmt sie,
und alle hörens gleichsam erst im Gotte:

Ersatz kann keiner für ihn sein. Ich *bins*.
Ich bin Ersatz. Denn keiner ist zu Ende
wie ich es bin. Was bleibt mir denn von dem
was ich hier war? Das *ists* ja, daß ich sterbe.
Hat sie dirs nicht gesagt, da sie dirs auftrug,
daß jenes Lager, das da drinnen wartet,
zur Unterwelt gehört? Ich nahm ja Abschied.
Abschied über Abschied.
Kein Sterbender nimmt mehr davon. Ich ging ja,
damit das Alles, unter Dem begraben,
der jetzt mein Gatte ist, zergeht, sich auflöst –.
So führ mich hin: ich sterbe ja für ihn.

Und wie der Wind auf hoher See, der umspringt,
so trat der Gott fast wie zu einer Toten

und war auf einmal weit von ihrem Gatten,
dem er, versteckt in einem kleinen Zeichen,
die hundert Leben dieser Erde zuwarf.
Der stürzte taumelnd zu den beiden hin
und griff nach ihnen wie im Traum. Sie gingen
schon auf den Eingang zu, in dem die Frauen
verweint sich drängten. Aber einmal sah
er noch des Mädchens Antlitz, das sich wandte
mit einem Lächeln, hell wie eine Hoffnung,
die beinah ein Versprechen war: erwachsen
zurückzukommen aus dem tiefen Tode
zu ihm, dem Lebenden –

Da schlug er jäh
die Hände vors Gesicht, wie er so kniete,
um nichts zu sehen mehr nach diesem Lächeln.

SCHLANGENBESCHWÖRUNG

Wenn auf dem Markt, sich wiegend, der Beschwörer
die Kürbisflöte pfeift, die reizt und lullt,
so kann es sein, daß er sich einen Hörer
herüberlockt, der ganz aus dem Tumult

der Buden eintritt in den Kreis der Pfeife,
die will und will und will und die erreicht,
daß das Reptil in seinem Korb sich steife
und die das steife schmeichlerisch erweicht,

abwechselnd immer schwindelnder und blinder
mit dem, was schreckt und streckt, und dem, was löst —;
und dann genügt ein Blick: so hat der Inder
dir eine Fremde eingeflößt,

in der du stirbst. Es ist, als überstürze
glühender Himmel dich. Es geht ein Sprung
durch dein Gesicht. Es legen sich Gewürze
auf deine nordische Erinnerung,

die dir nichts hilft. Dich feien keine Kräfte,
die Sonne gärt, das Fieber fällt und trifft;
von böser Freude steilen sich die Schäfte,
und in den Schlangen glänzt das Gift.

FRÜHER APOLLO

Wie manches Mal durch das noch unbelaubte
Gezweig ein Morgen durchsieht, der schon ganz
im Frühling ist: so ist in seinem Haupte
nichts, was verhindern könnte, daß der Glanz

aller Gedichte uns fast tödlich träfe;
denn noch kein Schatten ist in seinem Schaun,
zu kühl für Lorbeer sind noch seine Schläfe,
und später erst wird aus den Augenbraun

hochstämmig sich der Rosengarten heben,
aus welchem Blätter, einzeln, ausgelöst
hintreiben werden auf des Mundes Beben,

der jetzt noch still ist, niegebraucht und blinkend
und nur mit einem Lächeln etwas trinkend,
als würde ihm sein Singen eingeflößt.

DER DICHTER

Du entfernst dich von mir, du Stunde.
Wunden schlägt mir dein Flügelschlag.
Allein: was soll ich mit meinem Munde?
mit meiner Nacht? mit meinem Tag?

Ich habe keine Geliebte, kein Haus,
keine Stelle, auf der ich lebe.
Alle Dinge, an die ich mich gebe,
werden reich und geben mich aus.

GEBET FÜR DIE IRREN UND STRÄFLINGE

IHR, von denen das Sein
leise sein großes Gesicht
wegwandte: ein
vielleicht Seiender spricht

draußen in der Freiheit
langsam bei Nacht ein Gebet:
Daß euch die Zeit vergeht,
denn ihr habt Zeit.

Wenn es euch jetzt gedenkt,
greift euch zärtlich durchs Haar:
alles ist weggeschenkt,
alles, was war.

Oh, daß ihr stille bliebt,
wenn euch das Herz verjährt;
daß keine Mutter erfährt,
daß es das giebt.

Oben hob sich der Mond,
wo sich die Zweige entzwein,
und, wie von euch bewohnt,
bleibt er allein.

SCHLUSS-STÜCK

DER Tod ist groß.
Wir sind die Seinen
lachenden Munds.
Wenn wir uns mitten im Leben meinen,
wagt er zu weinen
mitten in uns.

DIE KATHEDRALE

In jenen kleinen Städten, wo herum
die alten Häuser wie ein Jahrmarkt hocken,
der sie bemerkt hat plötzlich und, erschrocken,
die Buden zumacht und, ganz zu und stumm,

die Schreier still, die Trommeln angehalten,
zu ihr hinaufhorcht aufgeregten Ohrs –:
dieweil sie ruhig immer in dem alten
Faltenmantel ihrer Contreforts
dasteht und von den Häusern gar nicht weiß:

in jenen kleinen Städten kannst du sehn,
wie sehr entwachsen ihrem Umgangskreis
die Kathedralen waren. Ihr Erstehn
ging über alles fort, so wie den Blick
des eignen Lebens viel zu große Nähe
fortwährend übersteigt, und als geschähe
nichts anderes; als wäre *das* Geschick,
was sich in ihnen aufhäuft ohne Maßen,
versteinert und zum Dauernden bestimmt,
nicht *das*, was unten in den dunkeln Straßen
vom Zufall irgendwelche Namen nimmt
und darin geht, wie Kinder Grün und Rot
und was der Krämer hat als Schürze tragen.
Da war Geburt in diesen Unterlagen,
und Kraft und Andrang war in diesem Ragen
und Liebe überall wie Wein und Brot,
und die Portale voller Liebesklagen.

Das Leben zögerte im Stundenschlagen,
und in den Türmen, welche voll Entsagen
auf einmal nicht mehr stiegen, war der Tod.

ABEND

Der Abend wechselt langsam die Gewänder,
die ihm ein Rand von alten Bäumen hält;
du schaust: und von dir scheiden sich die Länder,
ein himmelfahrendes und eins, das fällt;

und lassen dich, zu keinem ganz gehörend,
nicht ganz so dunkel wie das Haus, das schweigt,
nicht ganz so sicher Ewiges beschwörend
wie das, was Stern wird jede Nacht und steigt –

und lassen dir (unsäglich zu entwirrn)
dein Leben bang und riesenhaft und reifend,
so daß es, bald begrenzt und bald begreifend,
abwechselnd Stein in dir wird und Gestirn.

DER KNABE

Ich möchte einer werden so wie die,
die durch die Nacht mit wilden Pferden fahren,
mit Fackeln, die gleich aufgegangnen Haaren
in ihres Jagens großem Winde wehn.
Vorn möcht ich stehen wie in einem Kahne,
groß und wie eine Fahne aufgerollt.
Dunkel, aber mit einem Helm von Gold,
der unruhig glänzt. Und hinter mir gereiht
zehn Männer aus derselben Dunkelheit
mit Helmen, die, wie meiner, unstät sind,
bald klar wie Glas, bald dunkel, alt und blind.
Und einer steht bei mir und bläst uns Raum
mit der Trompete, welche blitzt und schreit,
und bläst uns eine schwarze Einsamkeit,
durch die wir rasen wie ein rascher Traum:
die Häuser fallen hinter uns ins Knie,
die Gassen biegen sich uns schief entgegen,
die Plätze weichen aus: wir fassen sie,
und unsre Rosse rauschen wie ein Regen.

ROSA HORTENSIE

Wer nahm das Rosa an? Wer wußte auch,
daß es sich sammelte in diesen Dolden?
Wie Dinge unter Gold, die sich entgolden,
entröten sie sich sanft, wie im Gebrauch.

Daß sie für solches Rosa nichts verlangen,
bleibt es für sie und lächelt aus der Luft?
Sind Engel da, es zärtlich zu empfangen,
wenn es vergeht, großmütig wie ein Duft?

Oder vielleicht auch geben sie es preis,
damit es nie erführe vom Verblühn.
Doch unter diesem Rosa hat ein Grün
gehorcht, das jetzt verwelkt und alles weiß.

DAS ABENDMAHL

Sᴇ sind versammelt, staunende Verstörte,
um ihn, der wie ein Weiser sich beschließt,
und der sich fortnimmt denen er gehörte
und der an ihnen fremd vorüberfließt.
Die alte Einsamkeit kommt über ihn,
die ihn erzog zu seinem tiefen Handeln;
nun wird er wieder durch den Ölwald wandeln,
und die ihn lieben, werden vor ihm fliehn.

Er hat sie zu dem letzten Tisch entboten
und (wie ein Schuß die Vögel aus den Schoten
scheucht) scheucht er ihre Hände aus den Broten
mit seinem Wort: sie fliegen zu ihm her;
sie flattern bange durch die Tafelrunde
und suchen einen Ausgang. Aber er
ist überall, wie eine Dämmerstunde.

WENN die Uhren so nah
wie im eigenen Herzen schlagen
und die Dinge mit zagen
Stimmen sich fragen:
Bist du da? –:

dann bin ich nicht der, der am Morgen erwacht,
einen Namen schenkt mir die Nacht,
den keiner, den ich am Tage sprach,
ohne tiefes Fürchten erführe –

Jede Türe
in mir gibt nach...

Und da weiß ich, daß nichts vergeht,
keine Geste und kein Gebet
(dazu sind die Dinge zu schwer),
meine ganze Kindheit steht
immer um mich her.
Niemals bin ich allein.
Viele, die vor mir lebten
und fort von mir strebten,
webten,
webten
an meinem Sein.

Und setz ich mich zu dir her
und sage dir leise: *Ich litt* –
hörst du?

Wer weiß wer
murmelt es mit.

NONNEN-KLAGE

I

HERR Jesus – geh, vergleiche
dich irgend einem Mann.
Nun bist du doch der Reiche,
nun hast du Gottes weiche
Herrlichkeiten an.

Die dir erwählt gewesen,
jetzt kostest du sie aus
und kannst mit ihnen lesen
und spielen und Theresen
zeigen dein schönes Haus.

Deine Mutter ist eine Dame
im Himmel geworden, und
ihr gekrönter Name
blüht aus unserm Mund

in diesem Wintergarten,
nach dem du zuweilen siehst,
weil du dir große Arten
aus unsern Stimmen ziehst.

II

HERR Jesus – du hast alle
Frauen, die du nur willst.
Was liegt an meinem Schalle,
ob du ihn nimmst und stillst.

Er verliert sich im Geräusche,
er zerrinnt wie nichts im Raum.

Was du hörst sind andre; täusche
dich nicht: ich reiche kaum

unten aus meinem Herzen
bis in mein Gesicht, das singt.
Ich würde dich gerne schmerzen,
aber mir mißlingt

der Wurf, sooft ich mein Weh
werfe nach deinem Bilde;
es fällt von nahe milde
zurück und kalt wie Schnee.

III
Wenn ich draußen stünde,
wo ich begonnen war,
so wären die Nächte Sünde
und der Tag Gefahr.

Es hätte mich einer genommen
und wieder gelassen, und
wäre ein zweiter gekommen
und hätte meinen Mund

verbogen mit seinen Küssen,
und dem dritten hätt ich vielleicht
barfuß folgen müssen
und hätte ihn nie erreicht;

und hätte den vierten nur so
aus Müdigkeit eingelassen,

um irgendwas zu fassen,
um zu liegen irgendwo.

Nun da ich bei keinem schlief,
sag: hab ich nichts begangen?
Wo war ich, während wir sangen?
Wen rief ich, wenn ich dich rief?

IV

MEIN Leben ging – Herr Jesus.
Sag mir, Herr Jesus, wohin?
Hast du es kommen sehen?
Bin ich in dir drin?
Bin ich in dir, Herr Jesus?

Denk, so kann es vergehn
mit dem täglichen Schalle.
Am Ende leugnen es alle,
keiner hat es gesehn.
War es das meine, Herr Jesus?

War es wirklich das meine,
Herr Jesus, bist du gewiß?
Ist nicht eine wie eine,
wenn nicht irgend ein Biß
eine Schramme zurückläßt, Herr Jesus?

Kann es nicht sein, daß mein
Leben gar nicht dabei ist?
Daß es wo liegt und entzwei ist,
und der Regen regnet hinein
und steht drin und friert drin, Herr Jesus?

DER MAGIER

Er ruft es an. Es schrickt zusamm und steht.
Was steht? Das Andre; alles, was nicht er ist,
wird Wesen. Und das ganze Wesen dreht
ein raschgemachtes Antlitz her, das mehr ist.

O Magier, halt aus, halt aus, halt aus!
Schaff Gleichgewicht. Steh ruhig auf der Waage,
damit sie einerseits dich und das Haus
und drüben jenes Angewachsne trage.

Entscheidung fällt. Die Bindung stellt sich her.
Er weiß, der Anruf überwog das Weigern.
Doch sein Gesicht, wie mit gedeckten Zeigern,
hat Mitternacht. Gebunden ist auch er.

FÜNF GESÄNGE

August 1914

I

ZUM erstenmal seh ich dich aufstehn,
hörengesagter, fernster, unglaublicher Kriegs-Gott.
Wie so dicht zwischen die friedliche Frucht
furchtbares Handeln gesät war, plötzlich erwachsenes.
Gestern war es noch klein, bedurfte der Nahrung, mannshoch
steht es schon da: morgen
überwächst es den Mann. Denn der glühende Gott
reißt mit Einem das Wachstum
aus dem wurzelnden Volk, und die Ernte beginnt.
Menschlich hebt sich das Feld ins Menschengewitter. Der Sommer
bleibt überholt zurück unter den Spielen der Flur.
Kinder bleiben, die spielenden, Greise, gedenkende,
und die vertrauenden Frauen. Blühender Linden
rührender Ruch durchtränkt den gemeinsamen Abschied,
und für Jahre hinaus behält es Bedeutung,
diesen zu atmen, diesen erfüllten Geruch.
Bräute gehen erwählter: als hätte nicht Einer
sich zu ihnen entschlossen, sondern das ganze
Volk sie zu fühlen bestimmt. Mit langsam ermessendem Blick
umfangen die Knaben den Jüngling, der schon hineinreicht
in die gewagtere Zukunft: ihn, der noch eben
hundert Stimmen vernahm, unwissend, welche im Recht sei,
wie erleichtert ihn jetzt der einige Ruf; denn *was*
wäre nicht Willkür neben der frohen, neben der sicheren Not?
Endlich ein Gott. Da wir den friedlichen oft
nicht mehr ergriffen, ergreift uns plötzlich der Schlacht-Gott,

schleudert den Brand: und über dem Herzen voll Heimat
schreit, den er donnernd bewohnt, sein rötlicher Himmel.

II

HEIL mir, daß ich Ergriffene sehe. Schon lange
war uns das Schauspiel nicht wahr,
und das erfundene Bild sprach nicht entscheidend uns an.
Geliebte, nun redet wie ein Seher die Zeit
blind, aus dem ältesten Geist.
Hört. Noch hörtet ihrs nie. Jetzt seid ihr die Bäume,
die die gewaltige Luft lauter und lauter durchrauscht;
über die ebenen Jahre stürmt sie herüber
aus der Väter Gefühl, aus höheren Taten, vom hohen
Heldengebirg, das nächstens im Neuschnee
eures freudigen Ruhms reiner, näher erglänzt.
Wie verwandelt sich nun die lebendige Landschaft: es wandert
würziger Jungwald dahin und ältere Stämme,
und das kürzliche Reis biegt sich den Ziehenden nach.
Einmal schon, da ihr gebart, empfandet ihr Trennung, Mütter, —
empfindet auch wieder das Glück, daß ihr die Gebenden seid.
Gebt wie Unendliche, gebt. Seid diesen treibenden Tagen
eine reiche Natur. Segnet die Söhne hinaus.
Und ihr Mädchen, gedenkt, daß sie euch lieben: in *solchen*
Herzen seid ihr gefühlt, so furchtbarer Andrang
ging, zur Milde verstellt, mit euch, Blumigen, um.
Vorsicht hielt euch zurück, nun dürft ihr unendlicher lieben,
sagenhaft Liebende sein wie die Mädchen der Vorzeit:
daß die Hoffende steht wie im hoffenden Garten,
daß die Weinende weint wie im Sternbild, das hoch
nach einer Weinenden heißt — —

Seit drei Tagen, was ists? Sing ich wirklich das Schrecknis,
wirklich den Gott, den ich als einen der frühern
nur noch erinnernden Götter ferne bewundernd geglaubt?
Wie ein vulkanischer Berg lag er im Weiten. Manchmal
flammend. Manchmal im Rauch. Traurig und göttlich.
Nur eine nahe vielleicht, ihm anliegende Ortschaft
bebte. Wir aber hoben die heile
Leier anderen zu: welchen kommenden Göttern?
Und nun aufstand er: steht: höher
als stehende Türme, höher
als die geatmete Luft unseres sonstigen Tags.
Steht. Übersteht. Und wir? Glühen in Eines zusammen,
in ein neues Geschöpf, das er tödlich belebt.
So auch *bin* ich nicht mehr; aus dem gemeinsamen Herzen
schlägt das meine den Schlag, und der gemeinsame Mund
bricht den meinigen auf.

Dennoch es heult bei Nacht wie die Sirenen der Schiffe
in mir das Fragende, heult nach dem Weg, dem Weg.
Sieht ihn oben der Gott, hoch von der Schulter? Lodert
er als Leuchtturm hinaus einer ringenden Zukunft,
die uns lange gesucht? Ist er ein Wissender? *Kann*
er ein Wissender sein, dieser reißende Gott?
Da er doch alles Gewußte zerstört. Das lange, das liebreich,
unser vertraulich Gewußtes. Nun liegen die Häuser
nur noch wie Trümmer umher seines Tempels. Im Aufstehn
stieß er ihn höhnisch von sich und steht in die Himmel.

Eben noch Himmel des Sommers. Sommerhimmel. Des Sommers
innige Himmel über den Bäumen und uns.
Jetzt: wer fühlt, wer erkennt ihre unendliche Hütung
über den Wiesen? Wer
starrte nicht fremdlings hinein?
Andere sind wir, ins Gleiche Geänderte: jedem
sprang in die plötzlich
nicht mehr seinige Brust meteorisch ein Herz.
Heiß, ein eisernes Herz aus eisernem Weltall.

IV

Unser älteres Herz, ihr Freunde, wer vordenkts,
jenes vertraute, das uns noch gestern bewegt,
unwiederbringliche? Keiner
fühlt es wieder zurück, kein dann noch Seiender
hinter der hohen Verwandlung.

Denn ein Herz der Zeit, einer immer noch unauf-
gelebten Vorzeit älteres Herz
hat das nahe verdrängt, das langsam andere,
unser errungenes. Und nun
endiget, Freunde, das plötzlich
zugemutete Herz, braucht das gewaltsame auf!
Rühmend: denn immer wars rühmlich,
nicht in der Vorsicht einzelner Sorge zu sein, sondern in *einem*
wagenden Geiste, sondern in herrlich
gefühlter Gefahr, heilig gemeinsam. Gleich hoch
steht das Leben im Feld in den zahllosen Männern, und
mitten in jedem
tritt ein gefürsteter Tod auf den erkühntesten Platz.

Aber im Rühmen, o Freunde, rühmet den Schmerz auch,
rühmt ohne Wehleid den Schmerz, daß wir die Künftigen nicht
waren, sondern verwandter
allem Vergangenen noch: rühmt es und klagt.
Sei euch die Klage nicht schmählich. Klaget. Wahr erst
wird das unkenntliche, das
keinem begreifliche Schicksal,
wenn ihr es maßlos beklagt und dennoch das maßlos,
dieses beklagteste, seht: wie ersehntes begeht.

V

AUF, und schreckt den schrecklichen Gott! Bestürzt ihn.
Kampf-Lust hat ihn vor Zeiten verwöhnt. Nun dränge der
                                        Schmerz euch,
dränge ein neuer, verwunderter Kampf-Schmerz
euch seinem Zorne zuvor.
Wenn schon ein Blut euch bezwingt, ein hoch von den Vätern
kommendes Blut: so sei das Gemüt doch
immer noch euer. Ahmt nicht
Früherem nach, Einstigem. Prüfet,
ob ihr nicht Schmerz seid. Handelnder Schmerz. Der
                                        Schmerz hat
auch seine Jubel. O, und dann wirft sich die Fahne
über euch auf, im Wind, der vom Feind kommt!
Welche? Des Schmerzes. Die Fahne des Schmerzes. Das schwere
schlagende Schmerztuch. Jeder von euch hat sein schweißend
nothaft heißes Gesicht mit ihr getrocknet. Euer
aller Gesicht dringt dort zu Zügen zusamm.
Zügen der Zukunft vielleicht. Daß sich der Haß nicht

dauernd drin hielte. Sondern ein Staunen, sondern
entschlossener Schmerz,
sondern der herrliche Zorn, daß euch die Völker,
diese blinden umher, plötzlich im Einsehn gestört;
sie –, aus denen ihr ernst, wie aus Luft und aus Bergwerk,
Atem und Erde gewannt. Denn zu begreifen,
denn zu lernen und vieles in Ehren
innen zu halten, auch Fremdes, war euch gefühlter Beruf.
Nun seid ihr aufs Eigne wieder beschränkt. Doch größer
ist es geworden. Wenns auch nicht Welt ist, bei weitem, –
nehmt es wie Welt! Und gebrauchts wie den Spiegel,
welcher die Sonne umfaßt und in sich die Sonne
wider die Irrenden kehrt. (Euer eigenes Irrn
brenne im schmerzhaften auf, im schrecklichen Herzen.)

UNANGEMESSEN traf der Wink des Geistes
das Herz, das unwillkürlich widerstand.
Aber der starke Geist befahl: Du weißt es!
und überwältigte die starke Hand.

Oh, das Gehorchen derer, die nicht lange
verweilen unter uns, wie ist es rein.
Sie leihen sich von ihrem Untergange
die kühne Mühe uns voraus zu sein.

Nun neige sich Geliebte oder Schwester
über das Grab, wenn es dem Schnee entbräunt,
und fasse im Gefühl des Frühlings fester

den, den es deckt. Doch keiner wie der Freund
begreift zugleich die tiefe Überlebung.
Und seine Trauer schenkt ihn der Erhebung.

In memoriam Bernhard von der Marwitz

AN DEN ENGEL

Starker, stiller, an den Rand gestellter
Leuchter: oben wird die Nacht genau.
Wir vergeben uns in unerhellter
Zögerung an deinem Unterbau.

Unser ist: den Ausgang nicht zu wissen
aus dem drinnen irrlichen Bezirk,
du erscheinst auf unsern Hindernissen
und beglühst sie wie ein Hochgebirg.

Deine Lust ist *über* unserm Reiche
und wir fassen kaum den Niederschlag;
wie die reine Nacht der Frühlingsgleiche
stehst du teilend zwischen Tag und Tag.

Wer vermöchte je dir einzuflößen
von der Mischung, die uns heimlich trübt,
du hast Herrlichkeit von allen Größen,
und wir sind am Kleinlichsten geübt.

Wenn wir weinen, sind wir nichts als rührend,
wo wir anschaun sind wir höchstens wach,
unser Lächeln ist nicht weit verführend,
und verführt es selbst, wer geht ihm nach?

Irgendeiner. Engel, klag ich, klag ich?
Doch wie wäre denn die Klage mein?
Ach, ich schreie, mit zwei Hölzern schlag ich
und ich meine nicht, gehört zu sein.

Daß ich lärme, wird an dir nicht lauter,
wenn du mich nicht fühltest, weil ich bin.
Leuchte, leuchte! Mach mich angeschauter
bei den Sternen. Denn ich schwinde hin.

DER AUFERSTANDENE

Er vermochte niemals bis zuletzt
ihr zu weigern oder abzuneinen,
daß sie ihrer Liebe sich berühme;
und sie sank ans Kreuz in dem Kostüme
eines Schmerzes, welches ganz besetzt
war mit ihrer Liebe größten Steinen.

Aber da sie dann, um ihn zu salben,
an das Grab kam, Tränen im Gesicht,
war er auferstanden ihrethalben,
daß er seliger ihr sage: Nicht –

Sie begriff es erst in ihrer Höhle,
wie er ihr, gestärkt durch seinen Tod,
endlich das Erleichternde der Öle
und des Rührens Vorgefühl verbot,

um aus ihr die Liebende zu formen,
die sich nicht mehr zum Geliebten neigt,
weil sie, hingerissen von enormen
Stürmen, seine Stimme übersteigt.

LIED

Du, der ichs nicht sage, daß ich bei Nacht
weinend liege,
deren Wesen mich müde macht
wie eine Wiege.
Du, die mir nicht sagt, wenn sie wacht
meinetwillen:
wie, wenn wir diese Pracht
ohne zu stillen
in uns ertrügen?

————

Sieh dir die Liebenden an,
wenn erst das Bekennen begann,
wie bald sie lügen.

————

Du machst mich allein. Dich einzig kann ich vertauschen.
Eine Weile bist du's, dann wieder ist es das Rauschen,
oder es ist ein Duft ohne Rest.
Ach, in den Armen hab ich sie alle verloren,
du nur, du wirst immer wieder geboren:
weil ich niemals dich anhielt, halt ich dich fest.

Aus den ›Aufzeichnungen des Malte Laurids Brigge‹

AN HÖLDERLIN

VERWEILUNG, auch am Vertrautesten nicht,
ist uns gegeben; aus den erfüllten
Bildern stürzt der Geist zu plötzlich zu füllenden; Seeen
sind erst im Ewigen. Hier ist Fallen
das Tüchtigste. Aus dem gekonnten Gefühl
überfallen hinab ins geahndete, weiter.

Dir, du Herrlicher, war, dir war, du Beschwörer, ein ganzes
Leben das dringende Bild, wenn du es aussprachst,
die Zeile schloß sich wie Schicksal, ein Tod war
selbst in der lindesten, und du betratest ihn; aber
der vorgehende Gott führte dich drüben hervor.
O du wandelnder Geist, du wandelndster! Wie sie doch alle
wohnen im warmen Gedicht, häuslich; und lang
bleiben im schmalen Vergleich, Teilnehmende. Du nur
ziehst wie der Mond. Und unten hellt und verdunkelt
deine nächtliche sich, die heilig erschrockene Landschaft,
die du in Abschieden fühlst. Keiner
gab sie erhabener hin, gab sie ans Ganze
heiler zurück, unbedürftiger. So auch
spieltest du heilig durch nicht mehr gerechnete Jahre
mit dem unendlichen Glück, als wär es nicht innen, läge
keinem gehörend im sanften
Rasen der Erde umher, von göttlichen Kindern verlassen.
Ach, was die Höchsten begehren, du legtest es wunschlos
Baustein auf Baustein: es stand. Doch selber sein Umsturz
irrte dich nicht.

Was, da ein solcher, Ewiger, war, mißtraun wir
immer dem Irdischen noch? Statt am Vorläufigen ernst
die Gefühle zu lernen für welche
Neigung, künftig im Raum?

DER Liebende wird selber nie genug
euch überschauen, unbegrenzte Wesen;
denn wer vermag ein Angesicht zu lesen,
an dem sein Blick sich schimmernd überschlug.

Der Dichter hofft, mit der und der Gestalt
euch gleichnishaft, vorsichtig zu beweisen,
er steigt auf eurer Spur von Kreis zu Kreisen
und macht erschrocken in den Himmeln halt.

Am Ende ist er euch am nächsten dann,
wenn er sich plötzlich, wie in süßer Trauer,
von einem Gartenweg nicht trennen kann:

Eidechse hat sich eilig weggeregt,
während er an die warme Weinbergmauer
fast feierlich die leeren Hände legt.

DER APFELGARTEN
Borgeby-Gård

Komm gleich nach dem Sonnenuntergange,
sieh das Abendgrün des Rasengrunds;
ist es nicht, als hätten wir es lange
angesammelt und erspart in uns,

um es jetzt aus Fühlen und Erinnern,
neuer Hoffnung, halbvergeßnem Freun,
noch vermischt mit Dunkel aus dem Innern,
in Gedanken vor uns hinzustreun

unter Bäume wie von Dürer, die
das Gewicht von hundert Arbeitstagen
in den überfüllten Früchten tragen,
dienend, voll Geduld, versuchend, wie

das, was alle Maße übersteigt,
noch zu heben ist und hinzugeben,
wenn man willig, durch ein langes Leben
nur das Eine will und wächst und schweigt.

DER GOLDSCHMIED

WARTE! Langsam! droh ich jedem Ringe
und vertröste jedes Kettenglied:
später, draußen, kommt das, was geschieht.
Dinge, sag ich, Dinge, Dinge, Dinge!
wenn ich schmiede; vor dem Schmied
hat noch keines irgendwas zu sein
oder ein Geschick auf sich zu laden.
Hier sind alle gleich, von Gottes Gnaden:
ich, das Gold, das Feuer und der Stein.

Ruhig, ruhig, ruf nicht so, Rubin!
Diese Perle leidet, und es fluten
Wassertiefen im Aquamarin.
Dieser Umgang mit euch Ausgeruhten
ist ein Schrecken: alle wacht ihr auf!
Wollt ihr Bläue blitzen? Wollt ihr bluten?
Ungeheuer funkelt mir der Hauf.

Und das Gold, es scheint mit mir verständigt;
in der Flamme hab ich es gebändigt,
aber reizen muß ichs um den Stein.
Und auf einmal, um den Stein zu fassen,
schlägt das Raubding mit metallnem Hassen
seine Krallen in mich selber ein.

KLAGE

WEM willst du klagen, Herz? Immer gemiedener
ringt sich dein Weg durch die unbegreiflichen
Menschen. Mehr noch vergebens vielleicht,
da er die Richtung behält,
Richtung zur Zukunft behält,
zu der verlorenen.

Früher. Klagtest? Was wars? Eine gefallene
Beere des Jubels, unreife.
Jetzt aber bricht mir mein Jubelbaum,
bricht mir im Sturme mein langsamer
Jubelbaum.
Schönster, in meiner unsichtbaren
Landschaft, der du mich kenntlicher
machtest Engeln, unsichtbaren.

DER TOD MOSES

KEINER, der finstere nur gefallene Engel
wollte; nahm Waffen, trat tödlich
den Gebotenen an. Aber schon wieder
klirrte er hin rückwärts, aufwärts,
schrie in die Himmel: Ich kann nicht!

Denn gelassen durch die dickichte Braue
hatte ihn Moses gewahrt und weitergeschrieben:
Worte des Segens und den unendlichen Namen.
Und sein Auge war rein bis zum Grunde der Kräfte.

Also der Herr, mitreißend die Hälfte der Himmel,
drang herab und bettete selber den Berg auf;
legte den Alten. Aus der geordneten Wohnung
rief er die Seele; die, auf! und erzählte
vieles Gemeinsame, eine unzählige Freundschaft.

Aber am Ende wars ihr genug. Daß es genug sei,
gab die vollendete zu. Da beugte der alte
Gott zu dem Alten langsam sein altes
Antlitz. Nahm ihn im Kusse aus ihm
in sein Alter, das ältere. Und mit Händen der Schöpfung
grub er den Berg zu. Daß es nur einer,
ein wiedergeschaffener, sei unter den Bergen der Erde,
Menschen nicht kenntlich.

Bestürz mich, Musik, mit rhythmischem Zürnen,
hoher Vorwurf, dicht vor dem Herzen erhoben,
das nicht so wogend empfand, das sich schonte. Mein Herz: da
sieh deine Herrlichkeit. Hast du nicht immer Genüge,
minder zu schwingen? Aber die Wölbungen warten,
die obersten, daß du sie füllst mit orgelndem Andrang.
Was ersehnst du der fremden Geliebten verhaltenes Antlitz –,
hat deine Sehnsucht nicht Atem, aus der Posaune des Engels,
der das Weltgericht anbricht, tönende Stürme zu stoßen:
oh, so *ist* sie auch nicht, nirgends, wird nicht geboren,
die du verdorrend entbehrst.

HIMMELFAHRT MARIAE I

Nicht nur aus dem Schaun der Jünger, welchen
deines Kleides leichte Wehmut bleibt:
ach, du nimmst dich aus den Blumenkelchen,
aus dem Vogel, der den Flug beschreibt,

aus dem vollen Offensein der Kinder,
aus dem Euter und dem Kaun der Kuh –;
alles wird um eine Milde minder,
nur die Himmel innen nehmen zu.

Hingerißne Frucht aus unserm Grunde,
Beere, die du voller Süße stehst,
laß uns fühlen, wie du in dem Munde
der entzückten Seligkeit zergehst.

Denn wir bleiben, wo du fortkamst, jede
Stelle unten will getröstet sein.
Neig uns Gnade, stärk uns wie mit Wein,
denn vom Einsehn ist da nicht die Rede.

KÖSTLICHE, o Öl, das oben will,
blauer Rauchrand aus dem Räucherkorbe,
grad hinan vertönende Theorbe,
Milch des Irdischen, entquill,

still die Himmel, die noch klein sind, nähre
das dir anruht, das verweinte Reich:
Goldgewordene wie die hohe Ähre,
Reingewordne wie das Bild im Teich.

Wie wir, nächtens, daß die Brunnen gehen,
hören im vereinsamten Gehör:
bist du, Steigende, in unserm Sehen
ganz allein. Wie in ein Nadelöhr

will mein langer Blick in dir sich fassen,
eh du diesem Sichtlichen entfliehst,
daß du ihn, wenn auch ganz weiß gelassen,
durch die farbenechten Himmel ziehst.

TRÄNENKRÜGLEIN

Andere fassen den Wein, andere fassen die Öle
in dem gehöhlten Gewölb, das ihre Wandung umschrieb.
Ich, als ein kleineres Maß und als schlankestes, höhle
mich einem andern Bedarf, stürzenden Tränen zulieb.

Wein wird reicher, und Öl klärt sich noch weiter im Kruge.
Was mit den Tränen geschieht? – Sie machten mich schwer,
machten mich blinder und machten mich schillern am Buge,
machten mich brüchig zuletzt und machten mich leer.

›MAN MUSS STERBEN WEIL MAN SIE KENNT‹

(›Papyrus Prisse‹. Aus den Sprüchen des Ptah-hotep, Handschrift um 2000 v. Chr.)

›Man muß sterben weil man sie kennt.‹ Sterben
an der unsäglichen Blüte des Lächelns. Sterben
an ihren leichten Händen. Sterben
an Frauen.

Singe der Jüngling die tödlichen,
wenn sie ihm hoch durch den Herzraum
wandeln. Aus seiner blühenden Brust
sing er sie an:
unerreichbare. Ach, wie sie fremd sind.
Über den Gipfeln
seines Gefühls gehn sie hervor und ergießen
süß verwandelte Nacht ins verlassene
Tal seiner Arme. Es rauscht
Wind ihres Aufgangs im Laub seines Leibes. Es glänzen
seine Bäche dahin.

Aber der Mann
schweige erschütterter. Er, der
pfadlos die Nacht im Gebirg
seiner Gefühle geirrt hat:
schweige.
Wie der Seemann schweigt, der ältere,
und die bestandenen
Schrecken spielen in ihm wie in zitternden Käfigen.

DIE SPITZE I

MENSCHLICHKEIT: Namen schwankender Besitze,
noch unbestätigter Bestand von Glück:
ist das unmenschlich, daß zu dieser Spitze,
zu diesem kleinen dichten Spitzenstück
zwei Augen wurden? – Willst du sie zurück?

Du Langvergangene und schließlich Blinde,
ist deine Seligkeit in diesem Ding,
zu welcher hin, wie zwischen Stamm und Rinde,
dein großes Fühlen, kleinverwandelt, ging?

Durch einen Riß im Schicksal, eine Lücke
entzogst du deine Seele deiner Zeit;
und sie ist so in diesem lichten Stücke,
daß es mich lächeln macht vor Nützlichkeit.

DIE SPITZE II

Und wenn uns eines Tages dieses Tun
und was an uns geschieht gering erschiene
und uns so fremd, als ob es nicht verdiene,
daß wir so mühsam aus den Kinderschuhn
um seinetwillen wachsen –: Ob die Bahn
vergilbter Spitze, diese dichtgefügte
blumige Spitzenbahn, dann nicht genügte,
uns hier zu halten? Sieh: sie ward getan.

Ein Leben ward vielleicht verschmäht, wer weiß?
Ein Glück war da und wurde hingegeben,
und endlich wurde doch, um jeden Preis,
dies Ding daraus, nicht leichter als das Leben
und doch vollendet und so schön, als sei's
nicht mehr zu früh, zu lächeln und zu schweben.

O DAS Neue, Freunde, ist nicht dies,
daß Maschinen uns die Hand verdrängen.
Laßt euch nicht beirrn von Übergängen,
bald wird schweigen, wer das ›Neue‹ pries.

Denn das Ganze ist unendlich neuer
als ein Kabel und ein hohes Haus.
Seht, die Sterne sind ein altes Feuer,
und die neuern Feuer löschen aus.

Glaubt nicht, daß die längsten Transmissionen
schon des Künftigen Räder drehn.
Denn Äonen reden mit Äonen.

Mehr, als wir erfuhren, ist geschehn.
Und die Zukunft faßt das Allerfernste
ganz in eins mit unserm innern Ernste.

EROS

Masken! Masken! Daß man Eros blende.
Wer erträgt sein strahlendes Gesicht,
wenn er wie die Sommersonnenwende
frühlingliches Vorspiel unterbricht.

Wie es unversehens im Geplauder
anders wird und ernsthaft... Etwas schrie...
Und er wirft den namenlosen Schauder
wie ein Tempelinnres über sie.

Oh verloren, plötzlich, oh verloren!
Göttliche umarmen schnell.
Leben wand sich, Schicksal ward geboren.
Und im Innern weint ein Quell.

SCHON kehrt der Saft aus jener Allgemeinheit,
die dunkel in den Wurzeln sich erneut,
zurück ans Licht und speist die grüne Reinheit,
die unter Rinden noch die Winde scheut.

Die Innenseite der Natur belebt sich,
verheimlichend ein neues Freuet-Euch;
und eines ganzen Jahres Jugend hebt sich,
unkenntlich noch, ins starrende Gesträuch.

Des alten Nußbaums rühmliche Gestaltung
füllt sich mit Zukunft, außen grau und kühl;
doch junges Buschwerk zittert vor Verhaltung
unter der kleinen Vögel Vorgefühl.

Dass nicht dieses länger vor mir sei,
dem versagend, ich mich rückwärts zügel:
Wege, offne, Himmel, reine Hügel,
keinem lieben Angesicht vorbei.

Ach die Pein der Liebesmöglichkeiten
hab ich Tag und Nächte hingespürt:
zueinander flüchten, sich entgleiten,
keines hat zur Freudigkeit geführt.

Nicht die Nächte waren irgend süßer,
als, entfernt, die große Nacht allein,
plötzlich wieder in dem Blick der Büßer
schien das nun Geteilte heil zu sein.

An der Hingeschlafnen, Liebevollen
gab man innen sich der Trennung hin.
O die Kränkung an dem süßen Wollen
der gewillten Schläferin.

Jedes Ding, das einen einsam kannte,
staunte her, als ob man es verstieß, –
jetzt erst weiß man, wie die Kerze brannte,
wenn man sie aus Sehnsucht brennen ließ.

Wɪʀᴅ mir nicht Nächstes? Soll ich nur noch verweilen?
(Öfter mein Weinen verstörts und mein Lächeln verzerrts)
Aber manchmal erkenn ich im Scheine der heilen
Flamme vertraulich mein inneres Herz.
Jenes, das einst so innigen Frühling geleistet,
ob sie es gleich in die Keller des Lebens verbracht.
O wie war es sofort zu dem größesten Gange erdreistet,
stieg und verstand wie ein Stern die gewordene Nacht.

O LEBEN Leben, wunderliche Zeit,
von Widerspruch zu Widerspruche reichend;
im Gange oft so schlecht so schwer so schleichend
und dann auf einmal, mit unsäglich weit
entspannten Flügeln, einem Engel gleichend:
o unerklärlichste, o Lebenszeit.

Von allen groß gewagten Existenzen
kann Eine glühender und kühner sein?
Wir stehn und stemmen uns an unsre Grenzen
und reißen ein Unkenntliches herein.

An der sonngewohnten Straße, in dem
hohlen halben Baumstamm, der seit lange
Trog ward, eine Oberfläche Wasser
in sich leis erneuernd, still ich meinen
Durst: des Wassers Heiterkeit und Herkunft
in mich nehmend durch die Handgelenke.
Trinken schiene mir zu viel, zu deutlich;
aber diese wartende Gebärde
holt mir helles Wasser ins Bewußtsein.

Also, kämst du, braucht ich, mich zu stillen,
nur ein leichtes Anruhn meiner Hände,
sei's an deiner Schulter junge Rundung,
sei es an den Andrang deiner Brüste.

IMMER wieder, ob wir der Liebe Landschaft auch kennen
und den kleinen Kirchhof mit seinen klagenden Namen
und die furchtbar verschweigende Schlucht, in welcher die
enden: immer wieder gehn wir zu zweien hinaus   [andern
unter die alten Bäume, lagern uns immer wieder
zwischen die Blumen, gegenüber dem Himmel.

DIE GROSSE NACHT

Oft anstaunt ich dich, stand an gestern begonnenem Fenster,
stand und staunte dich an. Noch war mir die neue
Stadt wie verwehrt, und die unüberredete Landschaft
finsterte hin, als wäre ich nicht. Nicht gaben die nächsten
Dinge sich Müh, mir verständlich zu sein. An der Laterne
drängte die Gasse herauf: ich sah, daß sie fremd war.
Drüben ein Zimmer, mitfühlbar, geklärt in der Lampe –,
schon nahm ich teil; sie empfandens, schlossen die Läden.
Stand. Und dann weinte ein Kind. Ich wußte die Mütter
rings in den Häusern, was sie vermögen –, und wußte
alles Weinens zugleich die untröstlichen Gründe.
Oder es sang eine Stimme und reichte ein Stück weit
aus der Erwartung heraus, oder es hustete unten
voller Vorwurf ein Alter, als ob sein Körper im Recht sei
wider die mildere Welt. Dann schlug eine Stunde –,
aber ich zählte zu spät, sie fiel mir vorüber. –
Wie ein Knabe, ein fremder, wenn man endlich ihn zuläßt,
doch den Ball nicht fängt und keines der Spiele
kann, die die andern so leicht aneinander betreiben,
dasteht und wegschaut, wohin? – stand ich, und plötzlich,
daß *du* umgehst mit mir, spielest, begriff ich, erwachsene
Nacht, und staunte dich an. Wo die Türme
zürnten, wo abgewendeten Schicksals
eine Stadt mich umstand, und nicht zu erratende Berge
wider mich lagen, und im genäherten Umkreis
hungernde Fremdheit umzog das zufällige Flackern
meiner Gefühle –: da war es, du Hohe,

keine Schande für dich, daß du mich kanntest. Dein Atem
ging über mich. Dein auf weite Ernste verteiltes
Lächeln trat in mich ein.

Da dich das geflügelte Entzücken
über manchen frühen Abgrund trug,
baue jetzt der unerhörten Brücken
kühn berechenbaren Bug.

Wunder ist nicht nur im unerklärten
Überstehen der Gefahr;
erst in einer klaren reingewährten
Leistung wird das Wunder wunderbar.

Mitzuwirken ist nicht Überhebung
an dem unbeschreiblichen Bezug,
immer inniger wird die Verwebung,
nur Getragensein ist nicht genug.

Deine ausgeübten Kräfte spanne,
bis sie reichen, zwischen zwein
Widersprüchen... Denn im Manne
will der Gott beraten sein.

WELT war in dem Antlitz der Geliebten –,
aber plötzlich ist sie ausgegossen:
Welt ist draußen, Welt ist nicht zu fassen.

Warum trank ich nicht, da ich es aufhob,
aus dem vollen, dem geliebten Antlitz
Welt, die nah war, duftend meinem Munde?

Ach, ich trank. Wie trank ich unerschöpflich.
Doch auch ich war angefüllt mit zu viel
Welt, und trinkend ging ich selber über.

ZU DER ZEICHNUNG, JOHN KEATS IM TODE DARSTELLEND

Nun reicht ans Antlitz dem gestillten Rühmer
die Ferne aus den offnen Horizonten:
so fällt der Schmerz, den wir nicht fassen konnten,
zurück an seinen dunkeln Eigentümer.

Und dies verharrt, so wie es, leidbetrachtend,
sich bildete zum freiesten Gebilde,
noch einen Augenblick, – in neuer Milde
das Werden selbst und den Verfall verachtend.

Gesicht: o wessen? Nicht mehr dieser eben
noch einverstandenen Zusammenhänge.
O Aug, das nicht das schönste mehr erzwänge
der Dinge aus dem abgelehnten Leben.
O Schwelle der Gesänge,
o Jugendmund, für immer aufgegeben.

Und nur die Stirne baut sich etwas dauernd
hinüber aus verflüchtigten Bezügen,
als strafte sie die müden Locken Lügen,
die sich an ihr ergeben, zärtlich trauernd.

BUDDHA IN DER GLORIE

Mitte aller Mitten, Kern der Kerne,
Mandel, die sich einschließt und versüßt, –
dieses alles bis an alle Sterne
ist dein Fruchtfleisch: Sei gegrüßt.

Sieh, du fühlst, wie nichts mehr an dir hängt;
im Unendlichen ist deine Schale,
und dort steht der starke Saft und drängt.
Und von außen hilft ihm ein Gestrahle,

denn ganz oben werden deine Sonnen
voll und glühend umgedreht.
Doch in dir ist schon begonnen,
was die Sonnen übersteht.

SONETT
Auf Elizabeth Barrett-Browning

O WENN ein Herz, längst wohnend im Entwöhnen,
von aller Kunft und Zuversicht getrennt,
erwacht und plötzlich hört, wie man es nennt:
›Du Überfluß, Du Fülle alles Schönen!‹

Was soll es tun? Wie sich dem Glück versöhnen,
das endlich seine Hand und Wange kennt?
Schmerz zu verschweigen war sein Element,
nun zwingt das Liebes-Staunen es, zu tönen.

Hier tönt ein Herz, das sich im Gram verschwieg,
und zweifelt, ob ihm dies zu Recht gebühre:
so reich zu sein in seiner Armut Sieg.

Wer *hat* denn Fülle? Wer verteilt das Meiste? –
Wer so verführt, daß er ganz weit verführe:
Denn auch der Leib ist leibhaft erst im Geiste.

VOLLMACHT

Ach entzögen wir uns Zählern und Stundenschlägern.
Einen Morgen hinaus, heißes Jungsein mit Jägern,
    Rufen im Hundegekläff.
Daß im durchdrängten Gebüsch Kühle uns fröhlich besprühe,
und wir im Neuen und Frein – in den Lüften der Frühe
    fühlten den graden Betreff!

Solches war uns bestimmt. Leichte beschwingte Erscheinung.
Nicht, im starren Gelaß, nach einer Nacht voll Verneinung,
    ein verneinender Tag.
Diese sind ewig im Recht: dringend dem Leben Genahte;
weil sie Lebendige sind, tritt das unendlich bejahte
    Tier in den tödlichen Schlag.

Nicht Geist, nicht Inbrunst wollen wir entbehren.
                                    Karel Graf Lanckoronski

›Nicht Geist, nicht Inbrunst wollen wir entbehren‹:
eins durch das andre lebend zu vermehren,
sind wir bestimmt, und manche sind erwählt,
in diesem Streit ein Reinstes zu erreichen;
wach und geübt, erkennen sie die Zeichen,
die Hand ist leicht, das Werkzeug ist gestählt.

Das Leiseste darf ihnen nicht entgehen,
sie müssen jenen Ausschlagswinkel sehen,
zu dem der Zeiger sich kaum merklich rührt,
und müssen gleichsam mit den Augenlidern
des leichten Falters Flügelschlag erwidern
und müssen spüren, was die Blume spürt.

Zerstörbar sind sie wie die andern Wesen
und müssen doch (sie wären nicht erlesen!)
Gewaltigstem zugleich gewachsen sein.
Und wo die andern wirr und wimmernd klagen,
da müssen sie der Schläge Rhythmen sagen
und in sich selbst erfahren sie den Stein.

Sie müssen dastehn wie der Hirt, der dauert;
von ferne kann es scheinen, daß er trauert,
im Näherkommen fühlt man, wie er wacht.
Und wie für ihn der Gang der Sterne laut ist,
muß ihnen nah sein, wie es ihm vertraut ist,
was schweigend steigt und wandelt in der Nacht.

Im Schlafe selbst noch bleiben sie die Wächter:
aus Traum und Sein, aus Schluchzen und Gelächter
fügt sich ein Sinn ... Und überwältigt sie's,
und stürzen sie ins Knien vor Tod und Leben,
so ist der Welt ein neues Maß gegeben
mit diesem rechten Winkel ihres Knies.

O SAGE, Dichter, was du tust? – Ich rühme.
Aber das Tödliche und Ungetüme,
wie hältst du's aus, wie nimmst du's hin? – Ich rühme.
Aber das Namenlose, Anonyme,
wie rufst du's, Dichter, dennoch an? – Ich rühme.
Woher dein Recht, in jeglichem Kostüme,
in jeder Maske wahr zu sein? – Ich rühme.
Und daß das Stille und das Ungestüme
wie Stern und Sturm dich kennen?: – weil ich rühme.

ÜBERSCHRIFTEN
UND ANFÄNGE DER GEDICHTE

Ausgewählt von Katharina Kippenberg
————
Insel-Verlag Frankfurt a. M.
180. bis 189. Tausend: 1960 · Schrift: Linotype-Garamond
Gedruckt von Ludwig Oehms, Frankfurt a. M.
Printed in Germany